Savais-tu?

Les Caméléons

onnées de catalogage avant publication (Canada)

ergeron, Alain M., 1957-

Les caméléons

(Savais-tu? ; 18)
Pour enfants de 7 ans et plus.

ISBN 2-89435-241-7

1. Caméléons - Ouvrages pour la jeunesse.   2. Caméléons - Ouvrages
illustrés. I. Quintin, Michel . II. Sampar. III. Titre. IV. Collection :
Bergeron, Alain M., 1957-   . Savais-tu? ; 18.

QL666.L23B47 2004   j597.95   C2003-941053-6

Révision linguistique : Maurice Poirier

Le Conseil des Arts du Canada
The Canada Council for the Arts

Patrimoine
canadien

Canadian
Heritage

La publication de cet ouvrage a été réalisée grâce au
soutien financier du Conseil des Arts du Canada et de la
SODEC. De plus, les Éditions Michel Quintin bénéficient de
l'aide financière du gouvernement du Canada par l'entremise
du Programme d'aide au développement de l'industrie de
l'édition (PADIÉ) pour leurs activités d'édition.

Gouvernement du Québec – Programme de crédit d'impôt
pour l'édition de livres – Gestion SODEC

ISBN 2-89435-241-7
ISBN 978-2-89435-241-0
Dépôt légal - Bibliothèque et Archives nationales du Québec, 2004
Dépôt légal - Bibliothèque et Archives Canada, 2004

Éditions Michel Quintin
C.P. 340, Waterloo (Québec)
Canada J0E 2N0
Tél.:   450-539-3774
Téléc.: 450-539-4905
www.editionsmichelquintin.ca

6 - M L - 2

Imprimé au Canada

Savais-tu?

Les Caméléons

Alain M. Bergeron
Michel Quintin
Sampar

Illustrations de Sampar

ÉDITIONS
MICHEL
QUINTIN

Savais-tu que le caméléon est un reptile que l'on trouve en Afrique, en Asie et dans le sud de l'Europe? On en compte 85 espèces.

Savais-tu que ces lézards, d'une lenteur
extrême, sont actifs surtout le jour?

Savais-tu que la plupart des espèces ont une longue queue préhensile? Ils l'enroulent autour de la végétation pour faciliter leurs déplacements.

Savais-tu que les caméléons ont le corps aplati latérale-
ment? Cette autre adaptation à son environnement

permet à cet habile acrobate de garder l'équilibre quand il se déplace parmi les arbres.

Savais-tu que ses yeux, très mobiles, peuvent bouger indépendamment l'un de l'autre? Un œil est capable de surveiller le sol pendant que l'autre regarde en l'air.

Savais-tu qu'en général, chaque caméléon adopte un arbre, un arbuste ou un buisson pour y faire son gîte?

Savais-tu que les caméléons se nourrissent surtout
d'insectes et d'araignées? Certaines espèces mangent

aussi des scorpions, des oiseaux, des reptiles et des petits mammifères.

Savais-tu que les caméléons chassent à l'affût? Immobiles, ils attendent patiemment qu'une proie

passe à la portée de leur langue. Celle-ci devient alors une arme mortelle de très grande précision.

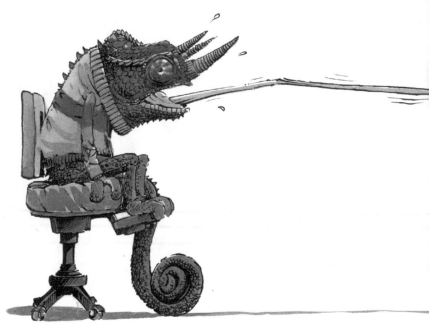

Savais-tu que leur langue, qui ressemble à un long tube, est très extensible? Déployée, elle est plus longue que tout le corps et la tête de l'animal mis ensemble.

Savais-tu que, dans la gueule, cette langue est repliée en accordéon autour d'un os pointu? On pourrait la comparer à un ressort sous tension enfilé sur un bâton.

Savais-tu que, tel un ressort qui se détend, la langue du caméléon est propulsée à la vitesse fulgurante

de un cent-vingt-cinquième de seconde? Le retour
s'effectue en une demi-seconde environ.

Savais-tu que, dès qu'il a repéré sa proie, le caméléon l'assomme avec l'extrémité de sa langue, en forme de massue?

Savais-tu que sa langue est imbibée d'une salive très gluante? C'est ainsi qu'il peut retenir fermement sa victime pour la porter à sa bouche.

Savais-tu que le caméléon peut attraper une centaine de mouches au vol en quelques minutes seulement?

Savais-tu que les caméléons ont la faculté de changer de couleur en quelques secondes?

Savais-tu que, selon leur environnement, la couleur des caméléons varie beaucoup d'une espèce à l'autre? Ainsi, les caméléons des déserts n'utilisent que les

couleurs ternes du sable et du rocher pour se fondre
dans le milieu.

Savais-tu que c'est grâce à des cellules qu'ils ont sur la peau que cette variation de couleur est possible?

Ces cellules réagissent à la chaleur, à la lumière et aux émotions de l'animal.

Savais-tu que les caméléons perdent leurs couleurs lorsqu'ils sont effrayés, se reposent ou digèrent?

Savais-tu que, la nuit, quand le caméléon dort, son corps est clair? Par contre, le jour, s'il s'expose au soleil pour se

réchauffer, sa peau devient foncée, prête à recueillir les rayons du soleil. S'il a trop chaud, sa couleur s'éclaircit.

Savais-tu que le camouflage est son principal moyen de défense? S'il se sent menacé, il s'immobilise et tente de se confondre dans le paysage en prenant une teinte terne.

BEURP!

Savais-tu que les épines, cornes et autres protubérances qui ornent son corps l'aident à se fondre dans le feuillage?

Savais-tu que ce lézard mène une vie de solitaire? Il ne supporte aucun intrus sur son territoire, pas même ceux de sa propre espèce.

Savais-tu que, pour se faire remarquer pendant la saison des amours, les mâles deviennent plus colorés qu'à

l'accoutumée? Cela, en plus d'impressionner les femelles, a pour but d'intimider les concurrents.

Savais-tu que le vainqueur d'un affrontement portera une teinte éclatante, tandis que le vaincu perdra ses couleurs en signe de soumission?

Savais-tu que, pendant le combat, la femelle à l'origine de la rixe en attend passivement l'issue, camouflée dans les feuillages alentour?

C'EST GENTIL DE VOUS OCCUPER DE MES OEUFS DURANT MON ABSENCE...

Savais-tu que, généralement ovipares, les femelles pondent de 4 à 40 œufs par couvée? Elles les abandonnent après les avoir déposés dans le nid qu'elles auront creusé dans le sol.

Savais-tu qu'à peine sorti de l'œuf, le jeune caméléon doit se débrouiller seul? Tout comme les adultes, il devra

se méfier de ses ennemis, les oiseaux diurnes
et les serpents arboricoles.

Savais-tu que ces animaux inoffensifs sont menacés par l'homme? Celui-ci leur est très nuisible, entre autres, en détruisant leur habitat, en exterminant les insectes avec

des produits chimiques et en les capturant pour la vente aux animaleries.